Warten aufs Christkind

WARTEN AUFS CHRISTKIND

24 WICHTEL- UND WEIHNACHTSGESCHICHTEN

MÄRCHEN UND ENGELSGESCHICHTEN

für meine geliebten Enkelkinder und alle,
die einfach nur gerne träumen!

Geschrieben und illustriert von Anna-Maria Brunner

Bibliografische Information der Deutschen Nationalbibliothek:
Die Deutsche Nationalbibliothek verzeichnet diese Publikation in der Deutschen
Nationalbibliografie; detaillierte bibliografische Daten sind im Internet über
< http://dnb.d-nb.de > abrufbar.

© 2007 Anna-Maria Brunner
Satz, Umschlaggestaltung, Herstellung und Verlag:
Books on Demand GmbH, Norderstedt
ISBN: 978-3-8334-8755-2

Ihr lieben Kinder, gebt schön acht,
die Weihnachtswichtel sind erwacht!
Sie horchen hier und horchen da –
ob alles ist bereit
für die schöne Weihnachtszeit!
Es wird gebacken und verziert,
gebastelt, gemalt und repariert –
damit auch alles ist bereit
für die schöne Weihnachtszeit!
Die Wichtel eilen durch den Raum,
sie sind so schnell, du siehst sie kaum,
sie passen auf, ob ihr auch lieb,
und schreiben dem Christkind dann einen Brief,
damit auch alles ist bereit
für die schöne Weihnachtszeit!
Euch lieben Kindern einen lieben Gruß,
weil Wichtelchen jetzt weiter muss!
Und wenn ihr brav, und das wär schön,
wir uns dann ganz schnell wiederseh'n!

Euer Wichtelchen

»SAUSEWIND«

Hinter dem großen Wald, über dem hohen Berg und noch ein ganzes Stückchen weiter, liegt Wichtelhausen.

Wichtelhausen ist die Heimat von den Weihnachtswichteln.

Es ist ein schöner, versteckter Ort mit einem Bach und einem See mit vielen Bäumen, Pilzen und Tieren im Wald. Die Wichtel wohnen in kleinen Häuschen und schlafen in ganz weichen Moosbettchen.

Wichtel sind immer recht lustig und froh und haben das ganze Jahr viel Zeit zum Spielen und Ausruhen, denn sie kommen erst zur Adventszeit zu den Kindern und schauen nach, ob sie auch brav sind. Manchmal bringen sie auch kleine Geschenke mit, wenn die Kinder besonders brav waren.

Die Wichtel berichten alles dem Christkind und den Engeln und sind ganz geheime Helfer.

Man sieht sie nicht, man hört sie nicht, und sie sind trotzdem ganz nah bei euch.

Ist dann der Weihnachtsabend da, verschwinden sie wieder ganz still und leise und ruhen sich in Wichtelhausen wieder von der Arbeit aus.

Liebe Kinder, hier ist euer Wichtel
»SAUSEWIND«

Heute bin ich ganz außer Puste, weil ich ja soooo viele Kinder be-
suchen muss, um nachzusehen, ob sie auch artig sind!
Bei vielen ist alles schon sehr schön und ich kann mich etwas aus-
ruhcn.
Eure Mamis haben es schon richtig kuschelig gemacht und ich fühle
mich soooo wohl bei euch.
Ich werde hier in meinem Versteck noch ein bisschen ausruhen und
den Kindern zusehen!
Jetzt muss ich aber weiter, ich hab's gesehen – bei euch ist man schon
bereit für die schöne Weihnachtszeit!

Liebe Kinder, ich schick euch einen lieben Gruß,
weil ich wieder weiter muss –
und bis bald, ihr werdet seh'n,
werd ich wieder nach euch sehen!

Euer Wichtelmännchen

»SAUSEWIND«

AUS DER ENGELSBACKSTUBE

Hier oben im Himmel bei den kleinen Engeln ist in der Vorweihnachtszeit eine Menge zu tun.

Es gibt nicht nur eine Werkstatt zum Bauen und Reparieren von Spielsachen, oh nein, es gibt auch eine Weihnachtsbäckerei!

Kurz vor Weihnachten ist hier natürlich Hochbetrieb und alle Englein wirbeln in der Backstube herum.

Es wird geknetet und ausgestochen, mit Streuseln und Puderzucker bestreut und auch eine kleine Kleinigkeit genascht.

Der Oberengel hat das nicht gerne gesehen und hat die kleinen Engel immer wieder ermahnt, das Naschen zu lassen.

Wenn so viele Engel zusammenarbeiten, wird auch viel erzählt und gelacht und oft nicht richtig aufgepasst, was man da so macht.

Bei so einer Plauderei ist es dann passiert!
Der kleinste Engel hat statt Zucker einfach Salz in den Teig gegeben und keiner hat es bemerkt.
Die Plätzchen werden ausgestochen und aufs Backblech gelegt, in den Ofen geschoben und gewartet.
Wie sie so richtig knusprig sind, haben die Engel die Plätzchen aus dem Ofen genommen und sind richtig stolz.
Da ist so ein kleiner Naschkatzenengel!
Sobald die Plätzchen kalt sind, hat er sich gleich eines stibitzt und in den Mund gesteckt.
Oh weh, das Plätzchen ist ja ganz salzig und hart, und er spuckt es gleich aus.
Der Oberengel hat das gesehen, ist gekommen und hat den kleinen Nascher kräftig geschimpft.
Als er jedoch erfahren hat, dass die Plätzchen nur salzig schmecken, hat er selbst eines probiert.
Es ist grauenvoll, alle Plätzchen sind hart und salzig. Was machen? Wegwerfen?
Jetzt ist guter Rat teuer!
Da kommt ein anderer kleiner Engel auf eine tolle Idee. Wir malen die Salzplätzchen ganz einfach bunt an und machen bunte Bänder dran zum Aufhängen an den Weihnachtsbaum!
Von der Idee sind die Engel begeistert und so wird es dann auch gemacht.
Der kleine Engel, der genascht hat, wird auch nicht geschimpft, sondern bekommt ein süßes Plätzchen zur Belohnung.
Stellt Euch nur vor, Weihnachten mit salzigen Plätzchen – das wäre ganz fürchterlich.
Wenn Ihr heute auch bemalte Plätzchen am Weihnachtsbaum entdeckt, dann sind das Salzteigplätzchen, denn einem Engel ist wieder ein kleiner Fehler unterlaufen!

Juhu, juhu, juhupihu
was bin ich froh –

kann ein paar Wochen bei euch sein
und bin dann euer Wichtelein,
kann euch heimlich dann betrachten,
heimlich kleine Sachen machen
und seh'n genau, ob ihr auch lieb,
dem Christkind ich dann schreib den Brief!
Hab lang gewartet auf die Zeit,
denn Wichtelhausen ist sehr weit –
und weil ihr fest an mich gedacht,
ich auch was Kleines mitgebracht!

Juhu, juhu, juhupihu
was bin ich froh, bei euch zu sein,

in Liebe, euer Wichtelein

»SAUSEWIND«

Heut ist Nikolaus, ihr Lieben,
und alle, die artig waren, müssen sich auch nicht erschrecken
und verstecken in den Ecken!
Der Nikolaus, ein guter Mann,
bringt Kekse mit und Marzipan –
und lobt die braven Kinder!

Knecht Ruprecht ist ein wilder Mann,
der mit der Rute hauen kann,
wenn Kinder sind nicht brav!

Drum lernt ein kleines Gedicht
ganz schnell,
dann ist er weg,
der wilde Gesell,
und Nikolaus, der gute Mann,
freut sich mit den Kindern
dann!

Einen schönen
Nikolaustag!

Jupihu, da bin ich wieder!

Sitze auf der Fensterbank und strecke mich erst einmal lang.
Bei euch wird's jetzt schon richtig kuschelig,
die Mami macht es richtig muschelig
und heimelig und schön zugleich,
fast so wie im Wichtelreich!
In Wichtelhausen, ihr müsst wissen,
da schlafen wir auf bunten Kissen
in einem Bett mit weichem Moos,
denn unser Wichtelwald ist groß.
Ein jeder Wichtel hat sein Reich
mit Blumen, Bäumen und 'nem Teich,
da baden wir, wenn es ist warm –

und haben manchmal Froschalarm –
wenn diese Quaker, diese grünen,
uns das schönste Blatt wegnehmen!
Dann gibt es noch den Oberwichtel,
der lernt uns täglich, wie man macht so schön Gedichtel –
es ist für uns wie in der Schule –
still sitzen, lernen, lesen und immer wieder sagt der Lehrer:
»RUHE!«

Da gibt es manchen kleinen Wichtel,
der immer macht ganz dumme Geschichtel –
dann wird der Oberwichtel streng,
das haben wir ja gar nicht gern,
denn nur wer brav ist bei uns Wichteln,
der darf dann schreiben auch Gedichteln und kommen in der
Vorweihnachtszeit zu euch zum Wichteln in der Dunkelheit!

Jetzt hab ich vieles euch berichtet,
wie das so ist, wenn man ist Wichtel –
und wenn man heißt noch »SAUSEWIND«,
da ist man Wichtel, ganz geschwind,
das ist schon eine große Ehr,
drum darf ich immer wieder her aus meinem Wichtelreich, ihr
Lieben, es ist mir ein ganz groß Vergnügen!

Bis bald, macht's gut und

jupihu,

euer Wichtel

»SAUSEWIND«

Jupihu, ihr meine Lieben,
wo ist nur die Zeit geblieben,
hab mich kräftig dann vertan mit der alten Eisenbahn –
war im anderen Ort zu Gast,
hab geschaut, ob alles passt,
waren freche Kinder dort,
geh nicht wieder an den Ort,
hab den einen Zug versäumt und den anderen noch verträumt,
bin jetzt froh, bei euch zu sein,
alles wohlig, warm und rein,
liebe Kinder –
so soll's sein!
Wenn alle Kinder wären so brav, das Wichtelsein wär reiner Spaß,
es gäb kein Rennen und Gehetze,
nur Freude, Lachen und Gescherze!
Wie schön es ist, bei euch zu sein,

in Liebe, euer Wichtelein

»SAUSEWIND«

DIE GESCHICHTE VOM MOND UND DEM NEUGIERIGEN STERNCHEN

Als der Mond am Abend von seinem Wolkenbett aufstand, um nachts zu leuchten, hörte er eine leise Stimme.

Er schaute sich um und fand ein kleines Sternenkind, das sehr traurig war.

Was ist denn los mit dir, mein kleines Sternenkind?

Warum bist du so traurig?

Lieber Mond, sagte das Sternlein, bald ist Weihnachten und die Menschen feiern ein großes Fest mit Plätzchenbacken und Singen und Geschenken, dass würde ich ja sooo gerne einmal sehen!

Das geht doch nicht, Sternlein, wie soll ich da auf dich aufpassen, brummelte der Mond.

Doch als er das Sternlein so traurig sah, kam dem Mond eine wunderbare Idee!

Mein liebes Sternenkind, sagte der Mond, höre meinen Plan!

Wenn du dich ganz fest putzt, dass du ganz schön leuchtest, und auf meinem Mondlicht hinunterrutschst, kann ich dich auch von hier oben aus sehen –

aber nur eine ganz kurze Zeit, denn wenn die Wolken kommen, musst du schon wieder am Mondlicht hinaufgeklettert sein und an deinem Sternenplatz leuchten, damit die Menschen auf der Erde auch in der Nacht etwas Licht haben!

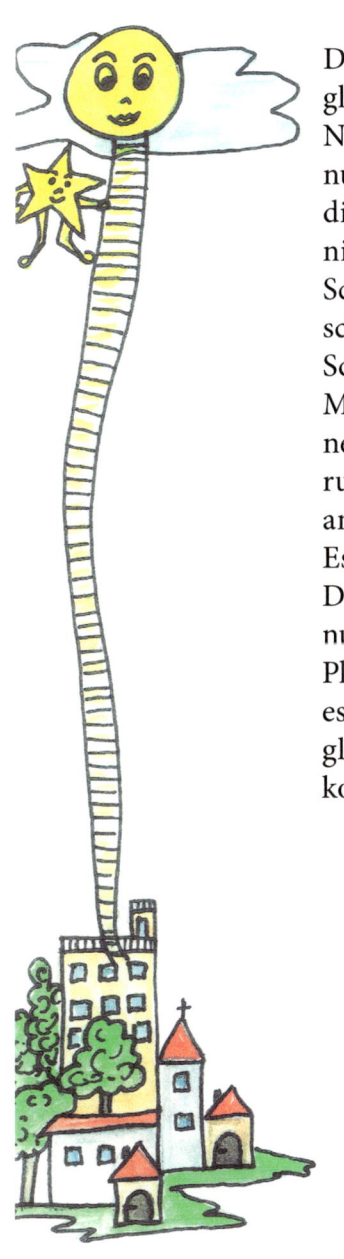

Das Sternlein putzte sich ganz fest und glänzte wunderbar!

Nun, mein Sternlein, sagte der Mond, nun brauchst du noch ein Geschenk für die Menschen – etwas, was sie freut und nie vergeht!

Schau dir die Menschen an und dann entscheide, was du schenken willst!

Schnell setzte sich das Sternlein auf den Mondlichtstrahl, nahm noch etwas Sternenstaub mit, damit es besser zur Erde rutscht, und schwups kam es auf der Erde an.

Es bekam ganz große Äuglein!

Da sah es ganz viele Lichter in den Wohnungen, an den Häusern und Geschäften. Plätzchenduft stieg ihm in die Nase, und es hörte eine leise Melodie. Da werde ich gleich mal sehen, wo diese Melodie herkommt!

Sternlein kletterte auf ein großes Haus mit einem großen Balkon. Auch hier war alles wunderbar geschmückt und Kerzen brannten. Wenn schon der Balkon so weihnachtlich ist, wie sieht es dann erst drinnen aus?

Das Sternlein linste durch die Fensterscheibe und sah einen Buben und ein kleines Mädchen, wie sie mit ihrer Mami Plätzchen backten und lachten und sangen.
Es war einfach schön!
Alles war schön und festlich geschmückt, und es duftete durch die Ritzen nach Zimt und Äpfeln. Plötzlich ging die Wohnungstür auf – alle freuten sich, denn Papi kam nach Hause und würde auch noch mit den Kindern spielen.

Da dachte das Sternenkind an die Wolken und rannte ganz schnell zum Mondlicht.
Der Mond wartete schon, und das Sternlein hielt sich ganz doll am Mondlicht fest und kletterte wieder zurück in den Himmel!

Oben angekommen bedankte es sich bei dem Mond für die Reise.

Was hast du den Menschen geschenkt, wollte der Mond wissen?

Da setzte sich das Sternlein auf eine Wolke gleich neben dem Mond und sagte: »Ich werde den Menschen Glücklichsein schenken und ihnen auf der Erde Glück bringen!«

Das Sternchen nahm eine Handvoll Sternenstaub und schickte ihn zur Erde und sah, dass ganz viel Goldkörnchen genau da gelandet waren, wo es vorhin durchs Fenster gelinst hatte.

»Es soll euch Glück bringen und alle Sterne sollen von nun an für die Menschen Glücksbringer sein!«

Darum denke immer, wenn du einen Stern am Himmel blitzen siehst, dass er sich nur für dich so schön geputzt hat und dir Glück bringt!

Hallo, hallo, ihr meine Lieben, die Hetze, die ist übertrieben,
die kleinen Füße mir tun weh,
es schmerzt ganz toll der große Zeh,
den ich gehaut mir heute noch
kurz vorm Sprung übers Wasserloch!
Ich bleibe ganz einfach hier jetzt sitzen –
und lass nur meine Äuglein blitzen!
Da fällt mir ein 'ne kleine Geschicht,
die ich euch noch schnell bericht!
Bei uns in Wichtelhausen ist ja immer Hochbetrieb.
Alle Wichtel, groß und klein, müssen riesig fleißig sein,
um zu schauen, wie ihr wisst,
ob alles schön in Ordnung ist!
Da war ein Wichtel, unser Müder,
der liegt im Bett, streckt seine Glieder,
und ich muss sagen, wirklich wahr,
er hat verschlafen das ganze Jahr!
Als unsre Wichtelzeit war um, er hat geschaut ein bisschen dumm,
weil alle Wichtel, groß und klein, geschaut zu ihren Kinderlein.
Nur einer nicht, der faule Wicht,
der hat verschlafen fürchterlich.
Jetzt muss er dann mit dem Osterhasen geh'n
und Ostern nach den Kindern seh'n!

Es war sehr schön bei euch zu sein,
in Liebe,
euer Wichtelein

»SAUSEWIND«

Jupihu, da bin ich wieder,
bin gekommen ganz geschwind, um zu sehen dieses Jahr,
ob alles auch in Ordnung war!
Bin recht zufrieden, meine Lieben,
hab alles ins große Buch geschrieben und war erfreut,
es war viel Schönes da beschrieben.
Nun gut, auch mancher Ärger war dabei –
ein kleiner Krach mit viel Geschrei,
denn Ärger schadet nur dem Herzen,
ihr solltet lieber sehr viel scherzen!
Ich muss euch einfach sagen heut –
ich bin verliebt, ihr lieben Leut –
in einen Stern am Himmel oben,
er ist so schön, ich kann nur loben!

Es geschah in einer dunklen Nacht, ich bin im Moos vom
Schlaf erwacht und hab geschaut hinauf zum Himmel –
da war ein glitzriges Gewimmel –
die vielen Sterne, wunderschön
vom Moosbett aus dann anzuseh'n!

Nur einer war, ihr ahnt es schon,
ganz klein und schwach und einsam schon
gestanden in dem Himmelszelt,
wo alles hat gestrahlt zur Welt.
Ich hab gesagt, mein lieber Stern –
ich habe dich ganz furchtbar gern,
sei doch so lieb und leuchte schön,
damit die Kinder dich auch seh'n!

Da hat er nur geblinkt ganz schwach,
ich hab die Augen zugemacht und fest an meinen Stern gedacht!
Es geht uns Wichteln wie den Menschen,
wir müssen fest an etwas denken und uns von tiefstem Herzen
wünschen, dass alles gut wird und gelingt.

Es ging so viele Nächte lang,
mir wurde um mein Sternlein bang,
ich hab geschaut gar jede Nacht,
ob er schon einen Fortschritt macht.
Am sechsten Tag, es war so schön,
ich habe meinen Stern geseh'n,
er hat gestrahlt und auch geblinkt,
ich hab gedacht, mein Herz zerspringt,
ich war so glücklich und so froh,
ich bin gehüpft so wie ein Floh,
und seit dem Tag, ihr meine Lieben,
ist er immer bei mir geblieben.
Am Tag da geht er dann zur Ruh,
des Nachts er schaut vom Himmel zu –
ich weiß genau, er kann mich seh'n und immer fest zu mir dann
steh'n!
Drum sag ich euch, ihr meine Lieben,
es ist kein bisschen übertrieben,
wenn man ganz fest an sich dann glaubt,
ist auch das Träumen schon erlaubt –

und wenn man hofft, dass es gelingt,
der Himmel euch ein Sternlein schenkt.
Jetzt wisst ihr auch, warum ich glücklich –
ich sag es allen augenblicklich –
und schick euch einen Herzensgruß,
weil ich wieder weiter muss!

Euer Wichtelchen

»SAUSEWIND«

Jupihu, ihr meine Lieben,
wo ist nur die Zeit geblieben?
Hab geschaut die ganze Nacht,
was mein
kleines Sternlein macht!
Es blinkt mir zu, das macht mich glücklich –
und ich bin dann augenblicklich
heiter, lustig und so froh
und rufe laut mein JUPIHU!

Bei euch, da ist es wunderschön,
ich komm so gerne nach euch seh'n –
es riecht so fein nach Weihnachtsduft,
es liegt ein Summen in der Luft und auch ein Klingeln schon ganz
leicht,
wie im Winterweihnachtsreich!

Auch diese Plätzchen, ach wie fein,
ich schieb eins in den Mund hinein,
ich muss schon sagen,
»wunderbar«,
wie es in jedem Jahre war!
Mein Bauch ist voll,
ich muss jetzt weiter,
bleibt lieb und brav und immer heiter,
ich komm bald wieder, es ist schön,
dann kann ich wieder nach euch seh'n!

Ich bin ganz glücklich, meine Lieben –
drum bin ich auch sehr lang geblieben.
Ich werde wieder nach euch seh'n –
ich freue mich schon

auf Wiedersehn.

Euer Wichtel

»SAUSEWIND«

AUF DEM WEIHNACHTSMARKT

Hallo, hallo, ihr meine Lieben, heut war ja wieder was los!
Ich war auf dem Weihnachtsmarkt und habe mich umgesehen.
Ihr habt ja einen riesigen, schönen Weihnachtsbaum mit ganz vielen Lichtern dran – einfach toll!
Zuerst bin ich durch die Gassen gegangen und habe mir die Weihnachtsstände angesehen.
Muss schon sagen, waren schöne Sachen dabei.
Kleine Engelfiguren und Krippen, ganz viele Kerzen und Duftöle und ganz viele Naschereien.
Zuerst habe ich ein bisschen bei den Mandeln genascht, dann ein kleines Tütchen Poppkorn geknabbert, mir eine große Bratwurstsemmel schmecken lassen und auch ein Schlückchen Kinderpunsch getrunken.
Dann habe ich es entdeckt – das Kinderkarussell!
Hops, schon war ich auf dem Pferdchen und bin gleich drei Runden mitgefahren.
Das war ein riesengroßer Spaß!

Auf einmal war mir ganz schwindelig und in meinem Bauch hat es ganz schön gegrummelt.

Bin ganz schnell abgesprungen vom Karussell und habe mich erst einmal auf eine kleine Bank gesetzt.

Jetzt sitz ich da, mir ist immer noch etwas wackelig, und reibe meinen Bauch.

Der grummelt immer noch heftig und mir ist noch ein bisschen schlecht.

Jetzt weiß ich auch, was ich falsch gemacht habe!

Liebe Kinder, immer gleich am Anfang mit dem Karussell fahren und nicht erst danach mit vollem Bauch!

Das nächste Mal mach ich es besser.

Heute schau ich bei euch etwas später vorbei, muss mich erst wieder von meinem Ausflug erholen.

Euer Grummelbauch-Wichtel

»SAUSEWIND«

DIE GESCHICHTE VOM TROTZIGEN ENGEL

Oben im Himmelszelt war wieder einmal Sternenkrönchenputzen angesagt.

Jeder Engel hat sein Krönchen abgenommen und es ganz feste poliert, damit es dann in der Nacht am Himmel wunderbar von Sternen strahlt und die Menschen sich auf der Erde über den Sternenhimmel freuen.

Wie das so ist, wenn viele beieinander sind, es gibt immer einen, der ein bisschen bockig ist.

Auch im Himmel gab es an diesem Putztag einen kleinen Trotzkopf.

Er wollte sein Krönchen nicht putzen und setzte sich auf eine Wolke und schaute den anderen Engeln zu.

»Komm, putz dein Krönchen, damit wir in der Nacht schön leuchten«, riefen sie dem Englein zu!

Der kleine Trotzkopf wollte nicht und schmollte auf seiner Wolke weiter.

Da kam der Mond vorbei.

»Was ist mit dir los, kleiner Engel, willst du nicht auch hell am Nachthimmel strahlen?«

»Nein, lieber Mond, ich will nicht putzen und polieren, bis alles glänzt, ich will hier nur sitzen und nicht putzen«, sagte das Englein.

»Das ist aber nicht so gut, mein kleiner Engel, dann kann dich keiner sehen, und wenn der Wind einen großen Nieser macht, kann er dich ganz einfach davonblasen, weil er dich nicht sieht, komm, putz dein Krönchen!«

Der kleine Engel zog ein grimmiges Gesicht, stampfte mit dem Fuß, machte eine Schnute und sagte: »Nein, ich mag nicht!«

Es wurde immer dunkler im Himmel, die ersten Sterne strahlten und auch der Mond leuchtete hell hernieder.

In einer kleinen Ecke am Himmel war es dunkel, da saß unser Trotzkopf.

Der Wind machte seine Runde durch die Wolken und eine klitzekleine Wolke kitzelte ihn in der Nase.

Der Wind suchte sich eine Stelle aus, die nicht leuchtete und dunkel war, damit er die Sternenkrönchen nicht davonblasen konnte. HATSCHI! HATSCHI!

Der gute Mond, der ja die ganze Welt in der Nacht mit seinem Licht anstrahlt, war der Einzige, der etwas hörte!

Er schickte sein Mondlicht in die dunkle Ecke und entdeckte den kleinen Trotzkopf mit seinem matten Krönchen in der Hand.

Es fiel ganz schnell von Wolkenbank zu Wolkenbank und weit und breit keine Rettung in Sicht.

Es ist keine Zeit mehr, dachte der Mond.

Wenn er nicht aufgefangen wird, fällt er auf die Erde und wird nie wieder leuchten.

Der Mond schickte einen großen Strahl von seinem Mondlicht zu dem fallenden Engel, und der kleine Trotzkopf konnte sich im allerletzten Moment am Mondlicht festhalten.

Langsam krabbelte er am Mondlicht zum Mond hinauf und bedankte sich ganz viele, viele Male für die Hilfe.

»Merke dir, mein kleiner Trotzkopf, putze immer schön dein Krönchen, dann kann dir auch nichts passieren«, sagte der Mond.

Sofort fing der kleine Engel an, sein Krönchen zu polieren, und als es ganz hell strahlte, sagte er zum Mond: »Weil du, mein lieber Mond, mich im letzten Moment gerettet hast, will ich dir nochmals Danke sagen und bleibe von nun an immer in deiner Nähe!«

Wenn ihr Lieben also gleich in der Nähe vom Mond einen kleinen hellen Stern leuchten seht, dann wisst ihr, das ist unser kleiner Trotzkopf, der jetzt kein Trotzkopf mehr ist, sondern ein strahlender Begleiter vom guten Mond.

KONZERT IN WICHTELHAUSEN

Meine Lieben, damit euch die Zeit nicht zu lange wird, wenn ihr auf das Christkind wartet, werde ich euch etwas aus Wichtelhausen erzählen.

Wir leben ja ganz versteckt in unserem Wichtelwald, haben aber oft im Sommer an unserem See ein kleines Konzert.

Nicht nur wir Wichtel singen da lustige Lieder, nein, ihr Lieben, da kommt dann die Grille und zirpt, die Frösche quaken, die Vögel zwitschern und trällern ihr Lied, der Wind pfeift durch die Bäume, die Fische blubbern mit ihrem Maul Luftblasen nach oben, der Hornkäfer klopft an den Baumstamm wie auf einer Trommel, und zu all dem Zirp, Quak, Pfeif, Blubber und Klopf lacht die liebe Sonne.

Unsere Konzerte kosten keinen Eintritt, sind immer sehr gut besucht, denn alle Tiere aus dem Wald sind gerne zu Gast bei uns.

Die Konzerte dauern mal lang, mal kurz, je nach Lust und Sonnenscheindauer.

Wenn dann am Ende alle Bravo und Hurra rufen und kräftig klatschen, sind wir kleinen Künstler ganz glücklich.

Am Schluss bekommt dann noch jeder ein Glas Tautropfenpunsch und wir freuen uns schon auf das nächste Konzert.

Einen fröhlichen, musikalischen Gruß

von euerm Wichtel

»SAUSEWIND«

VOM SONNENLAND
UND EISREICH

Vor vielen Hunderten von Jahren gab es ein Sonnenland, in dem alles grün war und blühte.

Die Menschen lebten froh und glücklich zusammen und hatten einen guten König und eine gute Königin, die ihr Reich sehr glücklich regierten.

Im Königreich gab es auch einen kleinen Prinzen, den Sohn von der Königin und dem König.

Es war der kleine Prinz Peter und wurde von allen nur Peterle genannt.

Peterle spielte gerne mit den Kindern im Dorf und hatte eine kleine Freundin, das Mädchen Marie.

Dann gab es noch das Eisreich.

Ein großes Schloss aus Eis und Schnee und herum nur Eiskristalle.

In diesem Schloss regierte die Schneekönigin.

Sie war stolz und streng und eisig kalt.

Im Eisreich wurde auch nicht gelacht, und es gab keine Blumen und Bäume.

Alles war nur aus Eis und Schnee und glitzerte grell in der Wintersonne.

Es gab nur eine Möglichkeit vom Eisreich ins Sonnenland zu kommen.
Immer wenn ganz besonders viel Schnee gefallen und die Schlucht zwischen den großen Bergen zugeschneit war, konnte ein Schlitten durch diese Schlucht ins Sonnenland fahren.

Die Schneekönigin spannte sechs weiße Pferde an ihre Eiskutsche und fuhr über die Schlucht ins Sonnenland.

Als die Kinder diesen wunderbaren Schlitten sahen, der überall glitzerte und blinkte, und die Schneekönigin ihnen auch noch zuwinkte, sprangen die Kinder auf den Schlitten. Peterle war auch dabei.

So schnell, wie der Schlitten kam, war er auch wieder verschwunden.

Marie hat gesehen, wie Peterle auf dem Schlitten stand, und bekam ganz große Angst um ihn.

Sie rannte schnell ins Schloss, erzählte alles der Königin und dem König, und das ganze Sonnenland wurde traurig. Keiner wusste, wie man die Kinder wieder aus dem Eisreich befreien konnte.

In dieser Nacht schlief Marie ganz schlecht und immer wieder überlegte sie, wie sie Peterle und die anderen Kinder wieder nach Hause holen könnte.

Im Mondlicht sah sie ein kleines Mäuschen in der Ecke sitzen und fragte: »Mäuschen, kannst du mir sagen, wie ich ins Eisreich komme?«

»Du musst das Einhorn fragen, es wohnt hinter dem großen Berg!«

Schon war Marie aus dem Bett gesprungen, hatte sich warm angezogen, ein Stückchen Brot eingesteckt und lief durch den dunklen Wald.

Da begegnete sie einem Hasen.

»Häschen, ist das der Weg zum Einhorn?«

»Ja, du musst immer den schmalen Pfad weitergehen!«

Marie lief, der Mond machte ein bisschen Licht.

Ihr wurde kalt und sie war auch ein wenig ängstlich.

Da kam ein Reh und schaute Marie erstaunt an.

»Liebes Reh, geht es hier zum Einhorn?«

»Noch eine kleine Weile diesen Weg entlang, dann kommst du zu der klugen Eule!«

Marie lief und lief, die kleinen Füße taten ihr schon weh. Am Ende des Waldes sah sie die kluge Eule.

»Liebe Eule, bitte hilf mir, ich muss Peterle und die anderen Kinder retten, sie sind mit der Schneekönigin ins Eisreich gefahren.«

Die Eule blitzte mit ihren großen Augen und sagte: »Ich fliege dir voraus zu der Höhle des Bären, da musst du warten, bis das Einhorn vorbeikommt!«

Als Marie nun an der Höhle war, bekam sie schon etwas Angst. Der große, braune Bär kam heraus, sah Marie an und sagte: »Hab keine Angst, die Eule hat mir alles erzählt, nimm etwas Honig und schlafe erst einmal. Wenn das Einhorn kommt, werde ich dich wecken.«

Marie kuschelte sich in die Höhle und fiel in einen tiefen Schlaf.

Ein tiefes Brummen vom Bär weckte sie auf und vor ihr stand das
weiße Einhorn.

Es sah Marie an und sagte: »Mein liebes Kind, ich habe erfahren,
was passiert ist, und ich weiß, dass du ein braves Kind bist, darum
werde ich dir helfen. Setz dich auf meinen Rücken und ich bringe
dich ins Eisreich. Bevor wir aber dort ankommen, musst du noch
die Blume der Liebe finden!«

Jetzt wurde Marie ganz traurig.

»Wo soll ich diese Blume denn finden, liebes Einhorn?«

»Wenn du den Peterle gerne hast und auch den anderen Kindern
helfen willst, wirst du sie finden.«

Das Einhorn machte am Waldrand eine kurze Pause und Marie
stieg von seinem Rücken. Sie stand da, dachte an Peterle und die
anderen Kinder, hatte Angst und fing bitterlich an zu weinen. An
der Stelle im Waldboden, wo alle Tränen von Marie in den Schnee
tropften, wurde eine Stelle vom Schnee befreit, und Marie sah
etwas Rotes hervorlugen. Sie nahm mit ihren kleinen Händchen

den restlichen Schnee zur Seite und fand eine wunderbare rote Blume.

»Das ist die Blume der Liebe, sie wird dir helfen, Peterle und deine Freunde aus dem Eisreich zu befreien«, sagte das Einhorn.

Marie nahm die rote Blume in die Hand und hielt sie ganz fest. Sie setzte sich wieder auf den Rücken des Einhorns, und so kamen sie an die große Schlucht. Das Einhorn nahm Anlauf und übersprang mit Marie auf dem Rücken die tiefe Schlucht.

»Jetzt bist du im Eisreich, Marie, ich werde hier auf dich warten, und merke dir, Marie – du darfst im Eisreich nichts essen oder trinken. Auch wenn alle Dinge noch so verlockend aussehen, nimm nichts an, Marie, sonst kommst auch du hier nicht mehr fort!«

Als Marie vor dem Eisschloss stand schaute ein Schneemann aus dem Fenster.

»Komm rein, mein Kind, hier sind viele Kinder, aber lass deine Blume draußen!«

Als der Schneemann sich umdrehte, um die Eistür zu öffnen, steckte Marie die Blume ganz schnell unter ihre Bluse, ganz nah zum Herzen.

Die Tür öffnete sich und Marie ging in den Eispalast. Es glitzerte und blinkte, alles war mit Eiszapfen und Eiskristallen verziert, und alles spiegelte sich in der Wintersonne. Marie war wie verzaubert, so schön hatte sie es sich nicht vorgestellt. Jetzt kamen ganz viele Kinder auf sie zu und luden sie zum Essen ein. Es gab lauter süße Naschereien und Pudding und Schokolade, Zuckerstangen und Mohrenköpfe.

Marie sah die vielen Leckereien und zwischen allen Kindern auch Peterle.

»Peterle, Peterle, ich habe dich gefunden, lass uns schnell nach Hause gehen!«

Peterle sah Marie an und sagte: »Lass uns erst essen und trinken und sage mir, wer bist du denn, ich habe dich hier noch nicht gesehen?«

Da erst sah Marie, dass alle Kinder kein fröhliches Gesicht hatten und nur ganz ernst aussahen. Sie wusste nun, im Eisreich bei der Schneekönigin gibt es kein Lachen, keine Freude und keine Liebe.

»Komm essen, Marie«, sagten jetzt alle anderen Kinder!

Marie erinnerte sich an die Worte vom Einhorn und aß kein Stückchen.

Sie wollte gerade gehen, da stand die Schneekönigin vor ihr, reichte ihr ganz viele Süßigkeiten und sagte: »Iss Marie!«

Marie war sehr erschrocken. Da erinnerte sie sich ihrer Blume am Herzen, nahm sie heraus und hielt diese wunderschöne, rote Blume genau zu der Schneekönigin. Die Schneekönigin sah die Blume, rief alle ihre Diener und wurde richtig böse.

Die Kinder standen nun alle ganz still da und sahen nur noch Marie und ihre rote Blume.

»Nimm die Blume weg«, schrie die Schneekönigin.

Marie aber hielt die Blume fest in der Hand und sagte: »Das ist die Blume der Liebe, und wenn du uns lieb hast, lässt du uns gehen, denn im Sonnenland warten alle Eltern auf ihre Kinder!«

Die Schneekönigin wollte gerade die Blume aus der Hand von Marie schlagen, als ein Sonnenstrahl die Blume berührte. Sie leuchtete jetzt so herrlich rot und warm, dass die Schneekönigin zu weinen begann. Es weinte der ganze Hofstaat, und mit jeder Träne, die geweint wurde, schmolzen das Eis und die Schneekönigin mit allen Bediensteten dahin, und es entstand ein großer Bach. Das Eisreich war zerschmolzen und mit ihm auch die Macht der Schneekönigin.

Alle Kinder fingen an zu lachen, Peterle umarmte seine Marie, und sie liefen schnell zum Einhorn. Zuerst brachte das Einhorn Marie und Peterle über die Schlucht, dann alle anderen Kinder, die im Eisreich gefangen gewesen waren. Als sie am Waldrand angekommen waren, bedankten sich alle Kinder ganz herzlich beim Einhorn und den anderen Tieren für ihre Hilfe. Schnell liefen sie nach Hause. Die Freude war groß und sie feierten ein großes Freudenfest.

Viele, viele Jahre später, als Marie eine schöne junge Frau war und Peter ein stattlicher junger Mann, nahm er sie mit auf sein Schloss und sie feierten Hochzeit. Marie und Peter haben noch ganz lange Zeit ihr Reich regiert und waren glückliche und frohe Menschen.

Jupihu, war das eine tolle Geschichte.

Ich sitze noch ganz verträumt auf der Fensterbank und bin ganz glücklich, dass alles so gut ausgegangen ist. Habt ihr das eigentlich gewusst, dass es ein Sonnenland und ein Eisreich gibt?

Das war eine richtig spannende Geschichte, und wenn ich wieder in Wichtelhausen bin, werde ich sie gleich meinen Wichtelfreunden erzählen. Die werden dann bestimmt auch ganz große Augen machen und mäuschenstill zuhören!

Heute werde ich mal etwas eher ins Bett gehen, denn die nächsten Tage gibt es noch viel zu tun.

Geht auch mal eher ins Bett, damit ihr bis zum Weihnachtsfest richtig munter und ausgeruht seid, damit ihr auch länger aufbleiben dürft.

Gute Nacht, meine Lieben,
ich geh jetzt in ein kuschliges Eckchen zum Murmeln!

Euer Wichtel
»SAUSEWIND«

VOM REGENBOGENLAND

Ein ganzes Stückchen weiter, hinter den Bergen von Wichtelhausen, am großen Wasserfall vorbei und dann rechts um den großen Felsen bis zur Sonnenwiese – da beginnt das Regenbogenland!
Es ist ein ganz buntes Stückchen Land, denn immer wenn ein Regenbogen auf der Erde zu sehen ist, werden seine Farben über dem Regenbogenland verteilt. Alle Tiere, Blumen und Bäume, die Flüsse und Seen haben ganz wunderbare Farben.
Hier sieht alles anders aus, als du es von der Erde kennst. Man muss sich auch nicht wundern, wenn herrlich bunte Vögel herumflattern und sich auf blaue oder rosa Bäume setzen. Auf der schönen grünen Mooswiese tanzen am Abend die Elfen in ihren weißen, rosa, gelben und hellblauen Kleidchen und flattern mit ihren Flügeln im Kreis.
Ein Regenbogen entsteht, wenn sich Sonne und Regen am Him-

mel treffen und eine kleine Zeit gegeneinander, also im Gegenlicht, anblinzeln. Wir hier auf der Erde sehen dann einen wunderbaren bunten Halbkreis. Eine ganz alte Geschichte sagt, wenn du einen Regenbogen am Himmel siehst, kannst du dir was wünschen.

Darum sind im Regenbogenland auch alle glücklich und zufrieden.

Im Regenbogenland gibt es auch keinen Winter, denn wo so viel Sonne ist, kann kein Schnee liegen bleiben.

Wenn unsere Wichtel wieder nach Wichtelhausen zurückkommen, machen sie immer eine Wanderung ins Regenbogenland. Dort erzählen sie dann ihren Freunden von der Wichtelzeit bei den Kindern, dem Schnee und den Engeln. So wissen auch die Elfen, wie es in der Winterzeit ist. Dieses Treffen endet immer mit einem Regenbogentanz auf der Mooswiese.

Hallo, meine Lieben –
tolle Geschichten gab es hier zu berichten!

Ihr lieben Kinder, werdet seh'n,
bald wird das Christkind vor der Türe steh'n.
Die Zeit vergeht, schnell wie der Wind,
dann kommen Engel ganz geschwind
und richten her, für euch, ihr Lieben,
Überraschungen, die ihr auf den Wunschzettel geschrieben!
Es können nicht immer alle sein,
denn die Händchen der Engel sind sehr klein –
und manche Wünsche viel zu groß,
dass ich oft richtig staunen muss!

Drum überlegt euch gut, ihr Lieben,
was auf den Wunschzettel wird geschrieben,
und wählt aus mit viel Bedacht,
damit das Herz vom Christkind lacht!

Bis bald, macht's gut, ich hab euch lieb,

euer Wichtel

»SAUSEWIND«

Hört ihr's knistern?
Hört ihr's rascheln?
Überall geheimnisvoll,
denn auf ganz, ganz leisen Sohlen
kommen ganz geheim geflogen
wunderbare Engel schon!

Sind die Boten für das Christkind,
richten alles herrlich her,
und sind glücklich, wenn sie sehen,
dass es auf Erden weihnachtet sehr!

Spähen in geheimste Ecken,
horchen, ob die Kinder lieb,
bringen dann für ganz, ganz brave
etwas Goldstaub auch noch mit!

Sind so schnell, wie sie gekommen,
wieder auf dem Weg ins Himmelreich –
um dem Christkind zu berichten,
dass die Menschen sind bereit
für die schöne Weihnachtszeit!

Jupihu, ihr meine Lieben,
habt heut Unfug oft getrieben,
ist nicht gut, besonders heut,
kurz so vor der Weihnachtszeit!

Müsst euch etwas noch gedulden,
eins, zwei, drei,
dann ist's so weit,
dann ist da die Weihnachtszeit!

Ihr habt es bis jetzt toll gemacht,
ihr schafft auch noch den Rest der Tage,
das wäre doch gelacht!

Enttäuscht mich nicht, ihr meine Lieben,
ich hab dem Christkind und den Engeln geschrieben,

sie fangen an mit den Geschenken,
es wird poliert, gebastelt, verpackt –
und man muss an ganz viele Dinge denken.

Denkt lieb an mich,
und seid schön brav,
ganz kurze Zeit,
dann ist's so weit,
dann ist sie da, die Weihnachtszeit!

Euer Wichtel

»SAUSEWIND«

Meine Lieben, groß und klein,
hier ist euer Wichtelein –
war ganz lange Wochen da,
komme wieder nächstes Jahr –
nur wenn ihr fest an mich glaubt,
ist das Wichteln mir erlaubt!
Bin ganz glücklich mit euch Lieben,
hab auch alles aufgeschrieben
und muss sagen, es wird schön
euch Weihnachten dann zuzuseh'n –
wie ihr bekommt dann die Geschenke –
und ich ganz feste an euch denke
und hoffe sehr, ihr denkt an mich,
dann wird es mir ganz wichtelich,
    und ich trete meine Heimfahrt an

mit einem Wolkenzug als Bahn –
ich denk an euch und bin doch
    fern –
    bin nicht allein, hab meinen
    Stern,
        und wenn ihr seht am
        Himmel oben
            mein Sternlein glit-
            zern ganz hoch dro-
            ben –
        dann wisst ihr auch, ihr
        meine Lieben,
        ich bin in Gedanken bei
euch geblieben
und schick euch jetzt, zum guten Schluss
        einen großen Wichtelgruß!

Passt auf euch auf, ich hab euch lieb –
und nächstes Jahr,
es wär sehr schön,
wir uns dann alle wiedersehen!

In Liebe,

Euer Wichtelein

»SAUSEWIND«

Habe gerade noch einmal ganz kurz zu euch gesehen und gemerkt, dass ihr ein bisschen traurig seid und es euch auch etwas langweilig ist.

Bevor ich jetzt nach Wichtelhausen abdüse, habe ich etwas vorgemalt und ihr könnt euch Wichtel Sausewind und den Engel ganz, wie ihr wollt, ausmalen.

Das dritte Bild ist eine Weihnachtsstraße!

Zuerst wird gewürfelt, dann die Zahl auf den Kästchen gesprungen und dann könnt ihr ausmalen. Es kann eines oder mehrere Kinder mitmachen, bis alle Felder bunt angemalt sind. Ihr habt dann eine bunte Weihnachtsstraße und die Zeit bis zur Bescherung ist ganz schnell vergangen.

Ganz viel Spaß dabei und beim Würfeln bitte nicht schummeln!

Aber jetzt ab nach Wichtelhausen

Euer Wichtel

»SAUSEWIND«

Weihnachtszeit, es ist so weit,
das Christkind hat fest nachgedacht,
die Englein haben mitgemacht und

auch gebracht
von den Kindern, den lieben,
den Wunschzettel,
den sie dem Christkind geschrieben.
Da standen viele Sachen drauf,
der Kopf beim Lesen hat ge-
raucht,
dann war Besprechung im
Himmelreich –
ob die Kinder auch brav und
lieb zugleich,
ob sie gehen in Kindergarten
und Schule gern,

ob sie gehen brav ins Bett ohne Geplärr,
ob sie sich waschen und frisieren,
die Zähne putzen –
und auch das Essen nicht vergessen,
im Zimmer immer Ordnung halten,
damit man Neues kann gestalten!
Auch Omi und Opi wurden gefragt, ob das auch stimmt,
was man so sagt –
das alles wurde besprochen und ihr werdet seh'n –
es sind Sachen dabei, einfach wunderschön!

Die Englein haben fleißig mitgemacht,
das Christkind hat alles vom Himmel gebracht,
damit ihr Kinder euch von Herzen freut,
zur wunderschönen Weihnachtszeit!

FROHE WEIHNACHTEN   für alle Kinder

für alle Mamis und Papis
für alle Omis und Opis

vom CHRISTKIND UND DEN

ENGELEIN